CW00502769

CLUB DE LECTURE

Une des meilleures façons d'aider les enfants à lire est de lire avec eux.

Si vous connaissez déjà les livres des autres niveaux, vous avez pris l'habitude de lire uniquement les pages de gauche en laissant à l'enfant le soin de lire les légendes des illustrations sur les pages de droite.

Dans ce livre l'histoire se lit sur la page de gauche puis sur celle de droite, tout comme n'importe quel livre.

Lisez d'abord à l'enfant le livre à voix haute et regardez ensemble les dessins.

Relisez l'histoire une deuxième fois ensemble: vous lisez la page de gauche et l'enfant lit ensuite la page de droite jusqu'à la fin du livre.

L'édition originale de ce livre a paru sous le titre: *The sandalwood girl* dans la collection ''Puddle Lane''

© Texte et mise en pages de l'édition anglaise SHEILA McCULLAGH, 1985
© Edition anglaise publiée par LADYBIRD BOOKS LTD, 1985
© Bordas, Paris, pour l'adaptation française, 1987

ISBN 2.04.016844-3
Dépôt légal: mai 1987
Achevé d'imprimer en avril 1987
par Ladybird Books Ltd, Loughborough, Leics, Angleterre
Imprimé en Angleterre

La poupée et le hibou

texte de **SHEILA McCULLAGH**
illustrations de JON DAVIS
adaptation de LAURETTE BRUNIUS

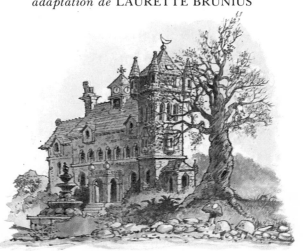

Ce livre appartient à:

_____

Bordas

Il était une fois
une très vieille maison qui se trouvait
au fond d'un grand jardin à l'abandon,
au bout de la rue du dragon.
Un magicien habitait le grenier,
mais à part ça, la maison était vide.
Ou plutôt, il ne s'y trouvait plus
que quelques vieux jouets.

De vieux jouets avaient été oubliés
dans un grenier vide.

Quand ils avaient déménagé,
les habitants de la maison
avaient oublié les jouets.
Il y avait un clown, un singe,
et trois ou quatre marionnettes.
Il y avait un cheval à bascule
et un lionceau en peluche.
Ils étaient tous abandonnés
dans la poussière.

Une poupée de bois était posée
sur une étagère devant la fenêtre.
Elle était en bois de santal.

Autrefois, les enfants aimaient jouer
avec elle, mais maintenant,
plus personne ne venait.
La poupée en bois de santal
se sentait très seule.
Par la fenêtre poussiéreuse, elle
regardait l'arbre qui poussait dehors.
Quelquefois, des oiseaux venaient
s'y percher. Quelquefois, des chats
y grimpaient. Mais ils n'entraient
jamais dans le grenier,
et la poupée était très triste.
Une nuit, alors que la lune brillait
et que le vent soufflait en rafales,
la fenêtre s'ouvrit.

Par la fenêtre ouverte
entra un grand hibou blanc.
Toute la nuit, il avait voyagé
dans le vent. Il se posa sur l'étagère
près de la poupée
et s'endormit.

Le hibou dormit sur l'étagère
tout le jour. Et quand vint la nuit,
il s'envola par la fenêtre du grenier.
Les jours suivants,
il revint souvent dormir sur l'étagère.
La poupée de bois ne pouvait pas parler,
mais elle était très contente de le voir.
Les journées lui semblaient moins longues
quand le hibou dormait là.

Il y avait un clocher sur le toit de la
vieille maison. C'était un petit garçon
en fer-blanc qui sonnait les heures.

Le petit garçon en fer-blanc
sonnait les heures.
Il frappait la cloche avec un marteau
d'argent, pour que tout le monde
sache l'heure qu'il était.

Un soir, la lune brillait.
La poupée en bois de santal
était assise sur l'étagère.

La poupée se sentait très seule.
Le hibou était parti chasser.
Elle entendit le petit garçon
en fer-blanc sonner les heures:
six, sept, huit, neuf, dix, onze.
A minuit, elle écoutait encore.
Elle attendait que le petit garçon
en fer-blanc frappe douze coups.
Elle entendit les premiers coups.

Un, deux, trois, quatre, cinq, six,
sept, huit, neuf, dix, onze,
douze...treize! Le petit garçon
avait frappé la cloche treize fois!

La poupée était si surprise
qu'elle se redressa.
Et quelle surprise de s'apercevoir
qu'elle pouvait se redresser!

Elle essaya de bouger les bras...
et elle put bouger les bras!
Elle essaya de bouger les jambes...
et elle put bouger les jambes!
Elle essaya de se mettre debout...
et elle put se mettre debout!

17

La poupée s'approcha
du bord de l'étagère.
Elle se pencha pour voir...
et elle tomba de l'étagère.

Elle tomba sur le plancher poussiéreux
et elle resta là un moment
à regarder par la fenêtre.

La poupée en bois de santal
ne s'était pas fait mal
et ne s'était rien cassé.
Au bout d'un moment, elle se leva
et regarda autour d'elle.
La porte était ouverte.

La poupée s'approcha
de la porte ouverte.
Ses jambes étaient très raides,
mais elle pouvait marcher.
Elle jeta un coup d'œil
de l'autre côté de la porte.

La poupée vit un couloir vide.
Au bout du couloir,
il y avait une autre porte.
Une lumière brillait
sous la porte entrebaillée.
La poupée s'avança dans le couloir.
Elle n'avait pas l'habitude de marcher
et elle était encore toute raide.

Elle arriva à la porte de l'autre pièce.
Elle poussa la porte et elle regarda.
Un vieil homme était assis
dans un fauteuil au coin du feu.
Il releva la tête et il vit la poupée.

— Entre, dit le vieil homme.
Entre donc. Tu arrives un peu tard
pour rencontrer le petit garçon
en fer-blanc. Il vient de partir.

La poupée entra dans la pièce.

— Vous êtes le magicien?
demanda-t-elle.

— Oui, je suis le magicien,
dit le vieil homme.
Qu'est-ce que je peux faire pour toi?

La poupée regarda le magicien.
Il avait une grosse voix,
mais il avait l'air très bon.
— Aidez-moi, murmura-t-elle.
Aidez-moi, s'il vous plaît.
Voilà des années que je suis assise
sur une étagère, et quand la pendule
a sonné treize coups,
je me suis aperçue
que je pouvais bouger.
Je peux vous parler aussi.
Alors je voudrais être vraiment vivante!
Je voudrais être libre.

Le magicien regarda la poupée.

– Tu veux être libre? dit-il.

– Oui, dit la poupée.

Je veux être libre

et je veux être vraiment vivante.

— En es-tu sûre? demanda le
magicien. Le monde est dangereux.
Tu es en sécurité, ici,
dans cette maison.
Tu peux te promener, venir me parler.
Tu n'es plus toute seule.
Veux-tu vraiment être libre?

— Je veux être libre, dit la poupée.
Je veux être vraiment libre.

Le magicien soupira.

– Je veux grandir, dit la poupée.
Je veux être vraiment vivante.

Le magicien hocha la tête.

– Ce sera très difficile, dit-il.

– Ça m'est égal, dit la poupée.
Ça m'est égal que ce soit difficile.

– Très bien, dit le magicien.
Je ne peux pas te rendre vivante
moi-même. Pas vraiment vivante.
Mais je peux te dire
ce que tu dois faire.

– Oh oui, dites-le moi, dit la poupée.

— Il va falloir que tu partes,
dit le magicien.
Et que tu t'en ailles très loin d'ici.

— J'irai n'importe où, dit la poupée.

— Alors tu vas devoir faire un long
voyage, dit le magicien. Très loin
d'ici, il y a un pays qui s'appelle Zorn.
C'est un pays magique. Il faut
que tu ailles jusqu'au pays de Zorn
et que tu trouves le chemin
des montagnes Bleues.
Très haut dans les montagnes Bleues,
tu trouveras la rivière d'Argent.
Si tu te baignes dans la rivière d'Argent,
tu deviendras vraiment vivante.

— Comment pourrai-je aller là-bas?
demanda la poupée.
Comment trouverai-je le chemin?

— Je connais un hibou blanc,
dit le magicien. C'est un ami à moi.
Il connaît le chemin du Pays de Zorn.
Il t'y conduira.

— Un hibou blanc vient souvent dormir
sur une étagère du grenier,
dit la poupée.

— C'est lui, dit le magicien.
Il m'a dit qu'il dormait là.
Je l'appelle, si tu veux.
Mais es-tu sûre que tu veux partir?
Ce sera un voyage dangereux.
Tu serais bien plus en sécurité ici,
si tu restais avec moi.

— Vous êtes très aimable, mais il faut
que je parte, dit la poupée en bois
de santal. Est-ce que je peux partir
tout de suite ?

Le magicien soupira.

– C'est exactement ce que m'a dit
le petit garçon en fer-blanc...
celui qui frappe la cloche.
Il est parti pour le pays de Zorn.
Tu l'y retrouveras peut-être.
Eh bien, puisque tu veux vraiment partir,
je vais appeler le hibou.

– Je suis prête, dit la poupée.
Mais avant que je parte,
pouvez-vous, s'il vous plaît,
me dire quel est mon nom?

– Tu n'as pas de nom,
dit le magicien. Si tu en as eu un,
je l'ai oublié. Mais ça ne fait rien.
Tu trouveras un nom
au pays de Zorn.

Le magicien se leva.

Il s'approcha de la fenêtre et l'ouvrit.

Il émit un son doux et prolongé.

Le grand hibou blanc
entra par la fenêtre.
Il se posa sur le dossier du fauteuil
du magicien. Le magicien se leva.

— Sois le bienvenu, hibou, dit-il.
J'ai quelque chose à te demander.
Il faut que tu conduises
cette enfant jusqu'au pays de Zorn.
Elle veut devenir vraiment vivante,
elle veut grandir. Dépose-la
à la frontière du pays de Zorn
et reviens.

Le magicien prit la poupée
et la posa délicatement
sur le dos du hibou.

— Tiens-toi bien, petite fille! dit-il.
Au revoir et bonne chance.

Le hibou déploya ses ailes.

Il s'envola par la fenêtre
avec la poupée sur son dos.

Ils volèrent par-dessus les maisons,
les arbres et les collines,
au-dessous des étoiles,
jusqu'à ce qu'ils arrivent enfin
au pays de Zorn.

Le hibou se posa sur le sol
et la poupée mit pied à terre.

— Il faut que tu trouves
ton chemin toute seule maintenant,
dit le hibou. Il faut que tu trouves
le chemin des montagnes Bleues.
Moi, je dois retourner près du magicien.

— Merci, dit la poupée. Merci, hibou,
Je ne t'oublierai jamais.

— Moi non plus, je ne t'oublierai pas,
dit le hibou.

Le hibou déploya ses ailes
et s'éloigna sous les étoiles.
La petite fille en bois de santal
regarda les arbres et les collines.
— Je suis au pays de Zorn, dit-elle.
Je vais trouver le chemin
des montagnes Bleues.
Et je deviendrai vraiment vivante.